GEORGE PETRIDES
INTERIORS

essence méditerranéenne

LIA ELLINAS TORNARITIS

90s plus

ISBN 978-618-5209-25-4

ΕΚΔΟΣΕΙΣ ΚΑΠΟΝ
Μακρυγιάννη 23–27, 117 42 Αθήνα,
τηλ. 210 9235 098, 210 9214 089

ΤΟ ΒΙΒΛΙΟΠΩΛΕΙΟ ΤΗΣ ΡΑΧΗΛ
Πλουτάρχου 22, 106 76 Αθήνα,
τηλ. 210 7241 442, 210 9210 983

e-mail: info@kaponeditions.gr
www.kaponeditions.gr

ISBN 978-618-5209-25-4

KAPON EDITIONS
23–27 Makriyanni str., 117 42 Athens, Greece,
Tel. 0030 210 9235098, 0030 210 9214 089

RACHEL'S BOOKSHOP
22 Ploutarchou str., 106 76 Athens, Greece,
Tel. 210 7241 442, 210 9210 983

e-mail: info@kaponeditions.gr
www.kaponeditions.gr

GEORGE PETRIDES
INTERIORS

essence méditerranéenne

KAPON EDITIONS

ΚΥΠΡΙΑΚΗ ΔΗΜΟΚΡΑΤΙΑ

ΠΡΟΕΔΡΙΚΟ ΜΕΓΑΡΟ
Ο Πρόεδρος

Με ιδιαίτερη χαρά αποδέχθηκα να χαιρετίσω την έκδοση του βιβλίου του φίλου Γιώργου Πετρίδη *George Petrides Interiors Essence Méditerranéenne*. Ο Γιώργος, ανέκαθεν πνεύμα ανήσυχο, επέλεξε από νεαρή ηλικία συνειδητά να ασχοληθεί με το δημιουργικό επάγγελμα του διακοσμητή, μέσα από το οποίο θα μπορούσε να ξεδιπλώσει το πηγαίο ταλέντο που διαθέτει.

Με σπουδές Interior Design και συνεχίζοντας την επαγγελματική του πορεία από το μηδέν στο Λονδίνο, ύστερα και από το πλήγμα της Τουρκικής Εισβολής στην Κύπρο, κατάφερε να καταξιωθεί στον χώρο της διακόσμησης.

Αντιμετωπίζοντας την κάθε του δουλειά ως μία νέα πρόκληση, ως κάτι καινούργιο και εντελώς διαφορετικό, δουλεύοντας με τον ίδιο ζήλο και χωρίς να εφησυχάζει, συνδυάζοντας τη φαντασία με την καλαισθησία, καταθέτει σε αυτή ένα κομμάτι της ψυχής του, δίνοντας, σεβόμενος πάντα τους ιδιοκτήτες, σάρκα και οστά στους χώρους που υπήρχαν σαν όνειρο και ιδέα στο μυαλό τους.

Αναγνωρίζοντας το ταλέντο και τη δουλειά του ως πρεσβευτές της Κύπρου διεθνώς, η σύμβουλος Τέχνης Λεία Έλληνα Τορναρίτη, είχε την πρωτοβουλία της έκδοσης του βιβλίου που κρατάτε στα χέρια σας.

Όπως θα διαπιστώσετε στα ενδεικτικά δείγματα της δουλειάς του, που παρουσιάζονται στο βιβλίο, εξαντλώντας το μεράκι και την αγάπη που τρέφει για τη διακόσμηση κατάφερε να συγκεράσει τη δική του σφραγίδα με τις ανάγκες των πελατών του και να παραδώσει χώρους μοναδικού χαρακτήρα διακόσμησης, απόλυτα ανταποκρινόμενος στις προσδοκίες των ιδιοκτητών τους.

Επαινώντας τον για το ταλέντο, την υπομονή και την επιμονή του να παραδίδει ξεχωριστά δημιουργήματα, θα ήθελα να ευχηθώ κάθε καταξίωση του βιβλίου του και στον ίδιο προσωπικά να αξιωθεί στο μέλλον ακόμη περισσότερες επαγγελματικές και προσωπικές επιτυχίες.

Νίκος Αναστασιάδης

REPUBLIC OF CYPRUS

PRESIDENTIAL PALACE
The President

It is with great pleasure that I have accepted to address the publication of the book by my friend George Petrides *George Petrides Interiors Essence Méditerranéenne.*

George always had an inquisitive mind. From an early age, he consciously selected to occupy himself with the creative profession of a decorator, through which he could spread the natural talent he possesses.

He studied Interior Design and after the devastating blow of the Turkish invasion in Cyprus, he had to re-establish himself professionally in London, where he once again became acclaimed in the area of decoration.

He faces each of his jobs with the same zeal, as a new challenge, as something novel and entirely different, and does not rest on his laurels. He combines his imagination with good taste, making it part of his soul, always respecting the owners, bringing to life areas that existed like dreams and ideas in their minds.

The Art Consultant, Lia Ellinas Tornaritis, recognizing how his talent and his work act as ambassadors for Cyprus internationally, initiated the publication of the book that you are now holding in your hands.

As is evident from the work that appears in this book, through his unbridled enthusiasm and love for decorating, he has managed to intertwine his clients' needs with his own creative interpretations, delivering spaces of unparalleled design and character, entirely responding to the owners' expectations.

His talent, patience and perseverance in delivering unique creations are laudable, and I wish him success for his book. Finally, I hope he achieves further professional and personal good fortune in the future.

Nicos Anastassiades

Contents

Ο Γιώργος Πετρίδης γεννήθηκε στην Αμμόχωστο από Κύπριο πατέρα και μητέρα Ελληνίδα. Από πολύ μικρή ηλικία είχε ανεπτυγμένη την αίσθηση του ωραίου. Η μητέρα του, με τη διορατικότητα που τη διέκρινε, κατάλαβε πρώτη αυτό το ταλέντο του και πάντα ζητούσε τη γνώμη του για κάθε απόφασή της που είχε να κάνει με διακοσμητικές παρεμβάσεις στο σπίτι τους. Σπούδασε Interior Design στο Λονδίνο, και αμέσως μετά τις σπουδές του παρέμεινε και εργάστηκε στο κατάστημα Heals για δύο χρόνια· εκεί έδωσε και την πρώτη του συνέντευξη στο περιοδικό «TIME AND TIDE» για το σπίτι του δημάρχου του Ουέστμινστερ. Μετά την εφτάχρονη παραμονή του στο πολυπολιτισμικό Λονδίνο, επέστρεψε στην Κύπρο για να εκπληρώσει τη στρατιωτική του θητεία. Παρά το ότι σχεδίαζε να επιστρέψει στη βρετανική πρωτεύουσα, οι σοβαρές επαγγελματικές προτάσεις για ξενοδοχεία, καταστήματα και κατοικίες που δέχθηκε εκείνο το διάστημα τον ώθησαν να παραμείνει στην Αμμόχωστο. Με την πάροδο του χρόνου οι προτάσεις πολλαπλασιάζονταν, με αποτέλεσμα η επιστροφή του στο Λονδίνο ολοένα και να αναβάλλεται, μέχρι που η Τουρκική Εισβολή στη Μεγαλόνησο και η κατάληψη της Αμμοχώστου τον ανάγκασαν να φύγει για το Λονδίνο όπου και παρέμεινε για δύο χρόνια. Ξεκινώντας πάλι από το μηδέν, έκανε μια καινούργια αρχή με μεγάλη επιτυχία. Παρά τον διακαή του πόθο να μείνει μόνιμα εκεί, μια σημαντική επαγγελματική πρόταση τον έφερε στην Αθήνα, όπου για τρίτη φορά έκανε ένα νέο ξεκίνημα. Με τη διακόσμηση της Γκαλερί Πιερίδη η καριέρα του απογειώθηκε. Από εκεί κι έπειτα επιμελήθηκε με ιδιαίτερο στιλ και μεράκι επαγγελματικούς χώρους και κατοικίες σε Ευρώπη, Αμερική και Μέση Ανατολή. Έχοντας ως βάση την Αθήνα, συνεχίζει να καταθέτει νέες ιδέες και προτάσεις στον χώρο της διακόσμησης.

George Petrides was born in Famagusta, to a Cypriot father and a Greek mother. He had, from a young age, a highly developed sense of beauty. His highly perceptive mother was the first to recognize this talent and would always seek his advice on all matters regarding her decisions on decorative changes in their home. He studied Interior Design in London, and immediately after his graduation he continued living there where he was employed for two years by Heals. At this time he gave his first interview to "TIME AND TIDE" magazine on the house of the mayor of Westminster. He remained for seven years in multicultural London and then returned to Cyprus for his military service. His original plans were to return to London after the end of his service but serious professional offers, such as decorating hotels, stores and private homes were offered to him, so he decided to stay in Famagusta. As time went by, the offers multiplied and his return to London was postponed. The Turkish invasion and the occupation of Famagusta forced him to leave for London where he remained for two years. He started again from scratch with great success. Although his fervent wish was to remain in London, a very important professional proposition brought him to Athens, where for the third time he made a new start. After decorating the Pierides gallery his career took off. He decorated with particular style and taste professional spaces, and private residences in Europe, America and the Middle East. He is based in Athens and continues to proffer new ideas and propositions on decoration.

Αποχρώσεις ενός ανεξάντλητου ταλέντου

Από νεαρή ηλικία λάτρευα την εσωτερική διακόσμηση, αλλά έκανα το λάθος να προτιμήσω το σχέδιο μόδας, το οποίο όμως τελικά εγκατέλειψα γρήγορα. Με μάγευε αυτή η αίσθηση ομορφιάς, μυστηρίου, ζεστασιάς και καλού γούστου που συναντάς μπαίνοντας σε ορισμένους χώρους. Άρχισα να θαυμάζω και να θέλω να γνωρίσω τον Γιώργο, όταν έτυχε να δω δουλειά του σε σπίτια φίλων, διαφορετικού στιλ, αλλά με μια αύρα θετική και ένα γούστο τόσο εκλεπτυσμένο! Εκτίμησα τον σεβασμό που έδειχνε στους ιδιοκτήτες, στη δημιουργία του χώρου τους, το ότι επενέβαινε μόνο στον βαθμό που ήταν αναγκαίο για να τους βοηθήσει στην πραγματοποίηση του ονείρου τους, συμβουλεύοντας και όχι επιβάλλοντας. Όποιον ρωτούσα για εκείνον μου έλεγε απίθανες ιστορίες για το ανεξάντλητο χιούμορ του, για το πόσο εύκολα γινόταν αγαπητός γι' αυτό και το πως, αν σε ξεχώριζε, μπορούσες να γίνεις φίλος του για πάντα. Γνωριστήκαμε σε ένα πάρτι μιας κοινής μας φίλης στην Αθήνα και του ζήτησα να μου διακοσμήσει το διαμέρισμά μου στην Κύπρο, και έτσι ξεκίνησε μια φιλία που κρατάει αρκετά χρόνια... ίσως γιατί η σχέση μας βασίζεται πάνω απ' όλα στον θαυμασμό που τρέφω για το ανήσυχο, δημιουργικό και νεανικό του πνεύμα, αλλά τελικά κυρίως για τον άψογο χαρακτήρα του. Ήθελα πολύ να γίνει αυτό το βιβλίο, γιατί το ότι είναι Κύπριος, και μάλιστα από την πόλη μου, την Αμμόχωστο, με κάνει υπερήφανη. Η αναδρομή στο ανεξάντλητο ταλέντο του γίνεται με αυτόν τον τρόπο πραγματικότητα, ακριβώς όπως του αξίζει.

Λεία Έλληνα Τορναρίτη
Σύμβουλος Τέχνης

Tones of an inexhaustible talent

From a very young age I adored interior decoration but I made the mistake of opting for fashion design something that I soon abandoned. I was enchanted by the feeling of beauty, mystery, warmth and good taste that I met when entering certain places. I began admiring and wanting to meet George when I happened to see some of his work in friends' homes, different styles yet with a positive aura and with such elegant taste! I appreciated the respect he showed to the owners, the creativity of the space intervening only in making their dreams come true, advising not imposing. Whoever I asked about him they would tell me incredible stories of inexhaustible humor, of how easily he became loved because of it and that if he singled you out he could be your friend forever. We met at a friend's party in Athens and I asked him if he would decorate my apartment in Cyprus, and thus was the beginning of a friendship that lasts for many years...perhaps because our relationship is based initially on the admiration that I have for his restless, creative and youthful spirit but mainly for his irreproachable character. I am delighted that this book is to be published because it not only makes me proud that he is a Cypriot but also that he comes from my home town Famagusta. A retrospective to his inexhaustible talent, becomes a reality, something that he greatly deserves.

Lia Ellinas Tornaritis
Art Consultant

Γνωρίζουμε τον Γιώργο από τις αρχές της δεκαετίας του '70, από πολύ πολύ νεαρή ηλικία. Αναγνωρίζοντας το ταλέντο του, του αναθέσαμε το interior design του «ΖΕΦΥΡΟΣ», που ήταν ένα ξενοδοχείο 400 δωματίων στην ακτή της Κερύνειας, ένα από τα μεγαλύτερα ξενοδοχεία της Κύπρου την εποχή εκείνη. Αντιμετώπισε αυτή την ανάθεση πολύ επιδέξια συνδυάζοντας τη σύγχρονη άνεση με τα παραδοσιακά στοιχεία. Ήταν ένα θαυμάσιο έργο, για το οποίο δυστυχώς δεν σώζεται ούτε μια εικόνα, καθώς το ξενοδοχείο άνοιξε λίγες μέρες πριν από την τουρκική εισβολή στο νησί το 1974. Από τότε ο Γιώργος παρέμεινε στενός φίλος και έκανε αρκετά σπίτια της οικογένειάς μας, στο Λονδίνο, στην Αθήνα, στη Λευκωσία, στις Σπέτσες, χρησιμοποιώντας πάντα το εξαιρετικό του ταλέντο και συνδυάζοντας την παράδοση με τη σύγχρονη άνεση.

Δάκης Ιωάννου
Επιχειρηματίας, συλλέκτης
Υ.Γ. Παραμέλησα να πω πόσο με εντυπωσίασε ο σχεδιασμός του βιβλίου. Συγχαρητήρια!

Τον Γιώργο Πετρίδη τον γνώρισα τυχαία μέσω ενός κοινού αγαπημένου φίλου εδώ και παρά πολλά χρόνια, όταν έφτιαχνα το σπίτι μου στην οδό Ρηγίλλης. Γίναμε σχεδόν αμέσως φίλοι, κάτι που συμβαίνει σπάνια — όταν μιλά, για παράδειγμα, κανείς με κάποιον που δεν ξέρει κι όμως η κουβέντα κυλάει σαν να τον ήξερε από παλιά! Είχαμε τόσα κοινά γύρω από τη την τέχνη, τα ταξίδια, την αισθητική... μιλήσαμε ακόμα και για την Κύπρο την εποχή εκείνη, αλλά και για τόσα άλλα, η κουβέντα δεν είχε τέλος! Θυμάμαι επίσης πως εκείνο το βράδυ γελάσαμε πολύ. Ο Γιώργος έχει αυτό το πηγαίο χιούμορ με ποιότητα και έναν αυτοσαρκασμό που...τσακίζει, αλλά δεν πληγώνει. Τον Γιώργο τον αγαπώ και τον εκτιμώ για πολλά πράγματα. Είναι πάντα συνεπής στη δουλειά του, ευχάριστος, έχει ευαισθησίες, κουλτούρα, γνώση και αντίληψη, που πηγάζουν όχι μόνο από τις σπουδές του, αλλά και από την οικογένεια και την ανατροφή του. Πιστεύω πως με τη δουλειά του θα αφήσει το δικό του αποτύπωμα στον χώρο της σύγχρονης εσωτερικής αρχιτεκτονικής.

Πέγκυ Ζουμπουλάκη
Γκαλερί Ζουμπουλάκη

Την ώρα που γεννιόταν ο Γιώργος οι μοίρες είχαν κέφια (μπορεί να τα είχαν πιει και λίγο). Κάποιοι γεννιούνται ξανθοί, μελαχρινοί, ψηλοί, αντιπαθητικοί, νευρωτικοί, αυτάρεσκοι κ.ο.κ. Ο Γιώργος γεννήθηκε κομψός, φίνος και καλόγουστος. Πάντα με εντυπωσίαζε η άνεση να διαλέγει δυο τρία άσχετα ρούχα και να τα συνδυάζει σε ένα υπέροχο σύνολο. Γνώρισα τον Γιώργο πριν από την εισβολή. Περίμενα να τον δω κουρέλι αμέσως μετά. Δεν καταδέχτηκε να τσαλακωθεί. Με εμφάνιση μοντέλου του Yves Saint Laurent ξανάρχισε από την αρχή να συνδυάζει χρώματα, να ορίζει τους όγκους στον χώρο, να απογειώνει ό,τι σερνόταν. Αν παρατηρήσει κάποιος με προσοχή τους χώρους που φιλοτέχνησε (δημόσιους ή ιδιωτικούς), θα διαπιστώσει ότι δεν υπάρχει κανένα συγκεκριμένο στιλ, καμία εμμονή σε υλικά, τάσεις, ρεύματα ή ύφος. Η κάθε εργασία του αντιπροσωπεύει απολύτως το άτομο που του εμπιστεύτηκε τον χώρο του, για να τον κάνει καλαίσθητο, πρακτικό, προσωπικό, αυτό δηλαδή που πρέπει να κάνει κάθε interior designer που ξέρει καλά τη δουλειά του.

Ντίνος Πετράτος
Ζωγράφος-σκηνογράφος

We have known George since the early 70's, at a very, very young age. Realizing his talent we commissioned him to do the interior design of "Zephyros", a 400 room hotel on the Kyrenia coast, one of the largest hotels in Cyprus at the time. He carried the commission very skillfully combining modern comfort with traditional elements. It was a wonderful project, for which unfortunately not a single image exists as the hotel opened just a few days before the Turkish invasion of the island on 1974. Ever since George has remained a close friend and did several houses of our family, from London to Athens to Nicosia to Spetses always with his exceptional talent and combining tradition with modern comfort.

Dakis Joannou
Entrepreneur, collector
Ps. I have neglected to say how impressed I am with the design of the book. Congratulations!

I met George Petrides accidentally through a common dear friend many years ago when I was having my house done in Rigillis street. We immediately became friends, something that rarely happens when you talk with people you hardly know, yet the conversation flows as if you knew them for a long time. We had so much in common, like art, travel, culture and so much more, we even talked about Cyprus, our conversation was endless. I also remember that during that evening we laughed a lot. George has this spontaneous self mocking humour... Crushing but not hurting. I love and respect George for many reasons. He is always reliable in his work and pleasant. He has sensitivity, culture, perception and knowledge that spring not only from his education but also from his family and his upbringing. I believe that with his work he is making a valuable contribution to contemporary interior architecture.

Peggy Zoumboulakis
Owner of Zoumboulakis Galery

At the moment when George was born the Fates must have been in high spirits (they might even had had a little to drink). People are born different, fair, dark, tall, unpleasant, neurotic, smug etc. George was born elegant, with finesse and good taste. I am always impressed by the ease that chooses a couple of unrelated items of clothing combining them into a wonderful ensemble. I met him before the invasion. I expected to see him crushed but he did not stoop to being bedraggled. Looking like an Yves Saint Laurent model, he started once more to combine colours, to determine sizes and make everything take off. If someone pays attention to the places that he has created (public and private) he will notice that there is no particular style. No persistence in particular materials, trends, fashions or styles. Each one of his works absolutely represents the person who trusted him with his space to turn it into tasteful, practical and personal. This is what every interior designer who knows his job should do.

Dinos Petratos
Painter-set designer

Η οικογένεια του Γιώργου είχε μακρά παράδοση στην οδοντιατρική. Οι δύο οικογένειες, του πατέρα και της μητέρας του, είχαν συνολικά έξι οδοντίατρους. Θα ήταν πολύ φυσικό λοιπόν για εκείνον να ακολουθήσει την οικογενειακή παράδοση έχοντας έτοιμη, στρωμένη εργασία και πελατεία. Ο Γιώργος όμως, από νεαρής ηλικίας, έδειχνε καλλιτεχνικές τάσεις και μια ιδιαίτερη αντίληψη της αισθητικής. Παρόλο που ξεκίνησε την προδιαγεγραμμένη πορεία, διέκοψε τις σπουδές του και πήγε στο Λονδίνο για να σπουδάσει Σχέδιο στο Πολυτεχνείο του Λονδίνου. Μια τέτοια αλλαγή σταδιοδρομίας στο μέσο των σπουδών, και μέσα στα αυστηρά κοινωνικά και οικογενειακά δεδομένα της εποχής, χρειαζόταν θάρρος και πίστη στις δυνατότητές του. Πιστεύω πως η κάθοδος του Γιώργου στην Αμμόχωστο κατά την περίοδο της μεγάλης ανάπτυξης και ανέγερσης των πολλών ξενοδοχείων (την εσωτερική διακόσμηση μερικών από αυτά ανέλαβε ο ίδιος) συνέβαλε στην αισθητική αναβάθμιση πολλών δημοσίων χώρων στην επαρχιακή τότε πόλη. Τα υπόλοιπα και τα λαμπρά αποτελέσματα είναι γνωστά και θα τα διαπιστώσετε στο ανά χείρας βιβλίο.

Ανδρέας Μάτσης
Businessman

Όταν έρχεσαι στο μυαλό μου, ξαφνικά γεμίζω χαρά! Βλέπω ένα πρόσωπο χαμογελαστό... Ακούω ένα γάργαρο γέλιο. Όταν σε βλέπω, όλα αυτά, και η χαρά και το γέλιο, είναι πιο δυνατά, πιο έντονα, με γεμίζουν αισιοδοξία... Τα ίδια συναισθήματα παίρνω και από τη δουλειά σου, είσαι πάντα οργανωμένος, σέβεσαι τον πελάτη σου και θέλεις να πάρει χαρά από τον χώρο που του φτιάχνεις. Είσαι συγχρόνως κλασικός και μοντέρνος, διαχρονικός θα έλεγα! Περνάς τις απόψεις σου χωρίς να τις επιβάλλεις. Συνδυάζεις έξυπνα το παλιό με το σύγχρονο και έχεις φινέτσα στο πάντρεμα των χρωμάτων. Δεν επαναλαμβάνεται η κάθε δουλειά σου, είναι διαφορετική, μοναδική. Είμαι σίγουρη ότι κάθε φορά που την ολοκληρώνεις ο πελάτης σου θέλει να γίνει φίλος σου. Χαίρομαι κι εγώ που είμαι φίλη σου! Περιμένω με αγωνία το βιβλίο σου. Είμαι σίγουρη πως θα μας δώσει και θα μας μάθει πολλά... Είμαι σίγουρη ότι θα μας γεμίσει χαρά και αισιοδοξία, όπως εσύ.

Βάνα Δελούδη
Εισαγωγέας επίπλων

Όχι, δεν είμαι ειδικός της διακόσμησης και μόνο ως απλός άνθρωπος θα μπορούσα να εκφέρω γνώμη για τον επαγγελματία Γιώργο Πετρίδη. Άλλωστε η δουλειά του «μιλάει» από μόνη της και δεν χρειάζεται τις δικές μου δάφνες. Μπορώ όμως να μιλήσω για τον άνθρωπο Γιώργο Πετρίδη. Θα ξεκινήσω από το κύριο χαρακτηριστικό του: το ξεκαρδιστικό γέλιο του! Από αυτό νομίζω πηγάζουν όλα˙ η αγάπη του για τη ζωή και η αγάπη του για τη δουλειά του. Και τα δύο τα ζει στο έπακρο και απολαμβάνει τους καρπούς τους, που δεν είναι άλλοι από τους πολλούς και αγαπητούς του φίλους και την επαγγελματική αναγνώριση και καταξίωση. Αν όμως θα έπρεπε να πω και δυο λόγια για τη δουλειά του, αφού αυτό πραγματεύεται τούτο το λεύκωμα, τότε θα μιλούσα για το ιδιαίτερο και λεπτό γούστο σε ό,τι κι αν κάνει, που έχει μια ταυτότητα χωρίς να είναι κραυγαλέο, και την ίδια στιγμή είναι πρωτοποριακό και μοντέρνο. Σίγουρα είναι αναγνωρίσιμο το «άγγιγμά» του και σίγουρα δεν περνά απαρατήρητο.

Γιώργος Ψιάχος
Δημοσιογράφος

George Petrides' family had a long tradition in dentistry. The two families, his father's and his mother's, numbered in total six dentists. What more natural for George than to follow the family tradition having, already, a ready job and clientele. From a young age, though, George showed artistic trends and a particular sense of good taste. Although he started on the prescribed course he interrupted his studies and went to London to study design at the London Polytechnic. He required courage and faith in his capabilities to change in the midst of his studies and within the strict social structure and family traditions of the times. I believe that George's return to Famagusta during the period of the great development and construction of many hotels (for some of which George undertook the interior design) helped upgrade the good taste bringing new ideas to the public spaces in the then provincial town. The rest and the brilliant results are known and you will discover them in this book you are now holding.

Andreas Matsis
Businessman

When you come to my mind I am suddenly filled with joy and remember a smiling face and hear a gurgling laughter. When I see you, both the joy and the laughter are stronger, more intense and fill me with optimism…I also get the same feelings from your work, you are always organized, you respect your client and want him to receive joy from the space you are creating. You are at the same time classical and modern, I would say that you are ageless in your views and you get them through without imposing them. You cleverly combine the old with the new and you have finesse in the color schemes. You don't repeat your work, each one is different, unique. I am certain that every time a job is done your client wishes to become your friend. I am delighted that I am your friend and I am eagerly expecting your book. I believe that it will offer us and teach us a lot and I am certain that it will fill us with joy and optimism the way you do.

Vana Deloudi (Deloudes)
Importer of furniture

No, I am not an expert in decorating and therefore I could give my opinion on George Petrides only as a human being. In any case his work "speaks" on its own and doesn't need my commendations. I can, though, speak of the person George Petrides and I will start from his main characteristic. His joyful laughter! Everything springs from this: His love for life and his love for his work. He lives everything to the extreme, enjoying its fruits which is nothing more than his many and beloved friends and the professional and personal recognition. But if I had to make few comments on his work, as this is the subject of this book, I would focus on his particular and delicate taste in whatever he creates, with identity, without being too intense, yet being at the same time avant-garde and modern. His "touch" is very recognizable and it certainly doesn't pass unnoticed…

George Psiahos
Journalist

Flare of Tuscany

2012

Η τέχνη του να ζεις καλά είναι κάτι περισσότερο από εμφανής εδώ. Αυτό το σπίτι είναι τόσο υπέροχα ελκυστικό, που σε κατακτά αμέσως, και διαθέτει μια σπάνια αρμονία συνδυάζοντας έντεχνα μοντέρνα και κλασικά στοιχεία. Τι στιλ!!! Μόνο ο Γιώργος θα μπορούσε να το πετύχει. Νομίζω ότι εδώ βρίσκεται στην καλύτερη φάση της καριέρας του! Τα ψηλά ταβάνια δίνουν στα δωμάτια κλίμακα και δύναμη, οι δε ξύλινες πόρτες είναι τόσο περίτεχνες, που είναι από μόνες τους έργα τέχνης. Ένας φαρδύς διάδρομος αξιοποιείται έτσι ώστε να θυμίζει γκαλερί (αν και όλο το σπίτι είναι γεμάτο με έργα τέχνης), και σε οδηγεί σε όλους τους χώρους και από εκεί στον φανταστικό κήπο. Ένας ναός πραγματικής ιταλικής φινέτσας!

The art of good living is visible here. This residence is so wonderfully appealing that it immediately attracts you with its rare harmony that combines modern and classical elements with great artistry. What style!!! Only George would be able to achieve it so successfully. I believe that here he is at the best phase of his career! The high ceilings give the rooms scale and power. The wooden doors are so ornate that are by themselves works of art. A wide corridor creates a gallery (although the entire house is full of works of art) that leads you to the living areas and from there to the fabulous garden. It is a veritable temple of Italian finesse!

without
seeing you again

Geometry Unended

2000

Σε αυτό το σπίτι ο interior designer θέλει να δημιουργήσει έναν χώρο με απλές γραμμές και λιτά έπιπλα, σε μοντέρνο στιλ που να είναι και ταυτόχρονα άνετο. Με αριστοτεχνικό τρόπο εξωτερικά στοιχεία εισέρχονται στο εσωτερικό της οικίας κάνοντας αντίστιξη με το μοντέρνο. Οι λιτές γραμμές στους εσωτερικούς χώρους δημιουργούν μια μοναδική κομψότητα χωρίς να γίνονται φλυαρες. Αυτό που τραβά ιδιαίτερα την προσοχή είναι η έξυπνη ιδέα των καθρεφτών, οι οποίοι αντικατοπτρίζουν την πισίνα και τον κήπο με έναν μαγικό τρόπο. Η απλότητα των γραμμών καλλιεργεί μια απίστευτη αίσθηση αρμονίας.

It is obvious that the mood of the interior designer in this house is to create a space of simple lines and simple furniture in a modern yet comfortable style. In a masterly way the outside elements enter the house creating a contrast with the modern décor. The simple lines of the interior create a unique elegance without being effusive. What particularly attracts the attention is the clever idea of the mirrors that reflect the pool and the garden in a magical way. The simplicity of lines creates an incredible feeling of harmony.

White & Chic

2007

Το λευκό χρώμα κυριαρχεί σε αυτό το κομψό beach house ενώ τα έπιπλα από ξύλο που έχει σμιλευθεί από τη θάλασσα δίνουν μια ζεστασιά και μια προσωπική πινελιά. Οι αναλογίες και η απόλυτη λιτότητα μεταφέρουν στο μέγιστο τη δροσιά της θάλασσας και μια ανεμελιά καλοκαιριού. Στα έργα τέχνης κυριαρχεί το μπλε χρώμα, που δένει αρμονικά με το πέλαγος και τον ουρανό.

The white colour dominates this elegant beach house and the wooden furniture as if carved by the sea give warmth and personal mark. The proportions and the complete simplicity create the greatest feeling of the coolness of the sea and light-heartedness of summer. Blue is prevalent in the works of art and ties harmoniously with the sea and the sky.

Art Deco Experience

2003

Ένα σπίτι γεμάτο αντιθέσεις και συνάμα τόσο αρμονικά δεμένο! Οι εξωτερικοί χώροι έχουν έντονο μεσογειακό χρώμα, ενώ αντίθετα μπαίνοντας στο εσωτερικό νομίζεις ότι βρίσκεσαι σε σκηνικό ταινίας του '30 με την έντονη κυριαρχία του art deco. Μυστηριώδης και αισθησιακή, η διακόσμηση διακρίνεται από σκούρες γήινες αποχρώσεις και μια σπάνια συλλογή αντικειμένων τέχνης της ίδιας δεκαετίας και αισθητικής, χωρίς όμως να λείπουν οι μοντέρνες πινελιές.

This is a house full of contradictions that tie harmoniously. The outside area has an intense Mediterranean colour, yet entering inside you have the feeling of being in a 30's film set where the art deco style profoundly dominates. Mysterious and sensual, the decoration is distinguished by dark earthy hues and a rare collection of art objects of that decade and aesthetic, along with touches of modern elements.

Armakolas.

Hotel by the Sea

2005

Το πιο δύσκολο, αλλά και που αποτελεί ταυτοχρόνως μια μεγάλη πρόκληση για έναν interior designer, είναι να ανακαινίσει έναν επαγγελματικό χώρο και να τον προσαρμόσει στα σύγχρονα δεδομένα και τις απαιτήσεις της διακόσμησης. Οι δυσκολίες είναι μεγαλύτερες όταν ο χρόνος είναι περιορισμένος, όπως για παράδειγμα συνέβη σ' αυτό το ξενοδοχείο. Παρ' όλ' αυτά, το αποτέλεσμα ήταν τόσο εντυπωσιακό, που οι ιδιοκτήτες και οι πελάτες του δεν το αναγνώριζαν, καθώς είχε μεταμορφωθεί σε ένα χαρούμενο κτίριο! Έντονα χρώματα και μοντέρνα έπιπλα έδωσαν ζωή στους παλιούς χώρους και τους έκαναν ανάλαφρους και ευχάριστους.

The most difficult, yet at the same time greatest challenge for an interior designer, is to renovate a professional space and adapt it to the contemporary requisites and decorative needs. The difficulties increase when time is limited as it was for instance in this hotel. The result though was so impressive that neither the owners nor the clients recognized it as it was transformed into a cheerful building! Intense colours and modern furniture gave a new lease of life to the old areas turning them into airy and buoyant spaces.

Into the Colonies

1994

Μια ιδανική πρόσμειξη του αγγλικού και μεσογειακού στιλ. Ψηλά ταβάνια με φαρδιές, γύψινες κορνίζες και επιβλητικές πόρτες κυριαρχούν σε όλους τους χώρους αυτού του αρχοντικού. Ένα άλλο πλεονέκτημα είναι οι ξύλινες περσίδες, που προστατεύουν από το έντονο φως της Μεσογείου, αλλά και οι τεράστιες βεράντες, που βλέπουν στον κηπο. Διάχυτη είναι και η συμφωνία τριών χρωμάτων: του μπορντό, του μπεζ και του ροζ. Οι μεγάλοι χώροι του καθιστικού, της τραπεζαρίας και του χολ είναι επιπλωμένοι σύμφωνα με το στιλ του αγγλικού colonial. Την εικόνα συμπληρώνει ένα άνετο γραφείο με τοίχους επενδυμένους με ξύλο, που αποπνέει ζεστασιά, σοβαρότητα και καλαισθησία, και χρησιμοποιείται ταυτοχρόνως και ως καθιστικό.

An ideal mixture of English and Mediterranean styles. High ceilings, wide plaster frames and impressive doors dominate all areas of this mansion. Other advantages include the wooden shutters that protect from the intense Mediterranean sunlight and the enormous verandas overlooking the gardens. There is a symphony of three colors: dark red, beige and pink. The large area of the drawing room, dining room and entrance hall are furnished in the English colonial style. The picture is completed by a comfortable wooden paneled study, also used as a living room, that is full of warmth and sobriety and includes many works of art.

WASHINGTON
PAINTING
SOTHEBY'S

Cool

2015

Ένα γεμάτο «τρέλα» διαμέρισμα, που λούζεται από το λευκό και το μπλε της θάλασσας που αντικρίζει, δεν θα μπορούσε παρά να ανήκει σε ένα ιδιαίτερα πνευματώδες άτομο. Κυριαρχούν «άχρηστα» αλλά πανέμορφα έπιπλα, πορτραίτα που σε κοιτούν κατάματα, πίνακες εκτός πλαισίων και ...φυσικά ένα παλιό θρανίο. Επίσης, το χαλί δεν θα το βρείτε στο πάτωμα, αλλά στον ...τοίχο!!! Μα δεν πρόκειται πράγματι για ένα τρελό διαμέρισμα, στο οποίο βασιλεύει η εκκεντρικότητα και η ευτυχία;

An apartment full of "madness" flooded in the blue and white of the sea that it faces, it could only belong to a particularly witty person. It is dominated by "useless" but beautiful furniture, portraits that look straight into your eyes, frameless paintings and...of course a school desk. You will not find the carpet on the floor but on the wall! Isn't it a "mad" apartment indeed, where eccentricity and happiness reign?

Coors
GOLDEN
BEER
Seattle
THEATRE
ROYAL
LEEDS
IN TOWN
7up

Orange: Colour of Happiness

2005

Να και μια… πορτοκαλί εκδοχή της ευτυχίας. Το πορτοκαλί, καθώς λένε οι ψυχολόγοι, είναι το χρώμα της χαράς και της καλής διάθεσης και δεν ξέρω αν το γνώριζαν οι ιδιοκτήτες αυτής της μοντέρνας οικίας, όμως η ευτυχία είναι το πρώτο πράγμα που νιώθει κανείς με το που εισέρχεται στους χώρους της. Το «happy house» έχει μεγάλους, ηλιόλουστους εσωτερικούς χώρους και μια κουζίνα που σίγουρα σου ανοίγει την όρεξη. Στον κήπο, κυριαρχεί μια πέργκολα με ένα εκπληκτικά σχεδιασμένο μπαρ. Όπου και να γυρίσει κανείς το βλέμμα του θα αντικρίσει και μια πορτοκαλί απόχρωση.

This is an… orange version of happiness Psychologists say that orange is the colour of joy and good mood. I don't know if the owners of this modern residence knew about it but they have managed to create this feeling that you get as soon as you enter it. "Happy House" has large sundrenched interiors and a kitchen that immediately makes your mouth water. A pergola with an incredibly designed bar dominates the garden. Wherever the eyes are turned in this house they will notice orange hues.

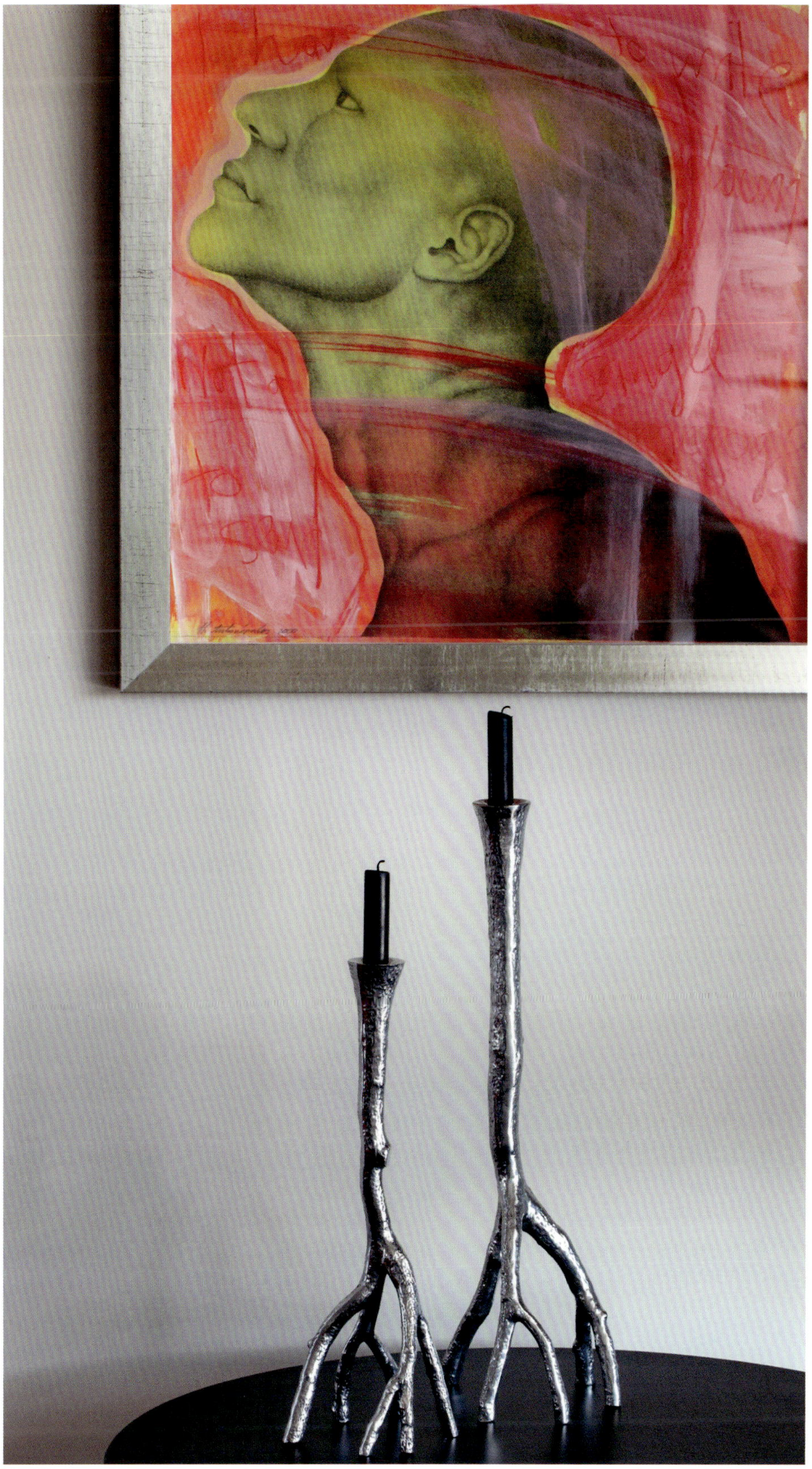

IDOLE d'ARMANI
ACQUA DI GIO
GIORGIO ARMANI
IDOLE d'ARMANI

Shades of Grey

2010

Οι χώροι αναδιαρρυθμίστηκαν εξολοκλήρου με οδηγό την αδυναμία που έτρεφαν οι ιδιοκτήτες αυτού του διαμερίσματος στον μεγάλο σχεδιαστή μόδας Giorgio Armani. Παρ' όλη την κυριαρχία του grege, το τελικό αποτέλεσμα ήταν ιδιαίτερα «ζεστό». Τα περισσότερα έπιπλα είναι, όπως ήταν αναμενόμενο, Armani, με μερικές πινελιές και άλλων σχεδιαστών. Στο κυρίως υπνοδωμάτιο, λόγω της ασυμμετρίας του, το κρεβάτι εντάχθηκε αρμονικά στον χώρο με μια ιδιαίτερη κατασκευή. Καθόλου απαρατήρητο δεν περνά το ότι μια πρώην μικρή ντουλάπα μετατράπηκε σε ένα εντυπωσιακό WC, εμπνευσμένο από το logo του Armani και τις φωτογραφίες διασημοτήτων που διαφήμισαν κατά καιρούς τα προϊόντα του.

This wonderful apartment was entirely rearranged and the inspiration was the owners' soft spot for the great fashion designer Giorgio Armani. Although there is a grege dominance the end result is particularly "warm". As expected, most furniture is Armani with a few brush strokes of other designers. Due to the asymmetry of the master bedroom, the bed was cleverly placed in the space with a special design. It doesn't go unnoticed that a small cupboard was turned into an impressive WC inspired by Armani's logo with photographs of famous people that advertised his products at times.

CHANEL
THE VOCABULARY OF STYLE

ACQUA DI
GIÒ
GIORGIO ARMANI
IDOLE
d'ARMANI
ACQUA DI
Giò
GIORGIO ARMANI

Collector's Heaven

2008

Είναι εντυπωσιακός ο τρόπος που αναδείχθηκε η συλλογή των αρχαίων αντικειμένων των ιδιοκτητών. Συνήθως οι χώροι με συλλογές είναι είτε απρόσωποι είτε παγεροί και οι ιδιοκτήτες ήθελαν αυτό να το αποφύγουν με κάθε τρόπο. Τα έργα τέχνης ενσωματώθηκαν με έναν οικείο τρόπο στον χώρο, ενώ η άψογη συνεργασία των ιδιοκτητών με τον interior designer οδήγησε σε ένα όμορφο αποτέλεσμα, αλλά —το σημαντικότερο— σε μια δυνατή και ουσιαστική φιλία.

It is impressive the way the interior designer sets off the antique collection as well as the warmth that he creates. Usually spaces with collections are impersonal and cold. This is what the owners wanted to avoid and their impeccable co-operation with the interior designer led to a wonderful result and most importantly to a strong and substantial friendship.

ST. TROPEZ
CANNES

ST. TROPEZ
CANNES

KELLY HOPPEN STYLE
ISLAND HOTEL STORIES
ST TROPEZ
CANNES

CHRISTIE'S
CAROLINA HERRERA
ASSOULINE

MILLER'S

Berlin Apartments
Toilets of the World

Mansion

2005

Αυτό το εξαίσιο κτίσμα Γενοβέζων αρχιτεκτόνων του 18ου αιώνα ήταν μια πραγματική πρόκληση. Είναι πραγματικά ένα υπέροχο καταφύγιο μακριά από το αστικό κέντρο, που λειτουργεί ως ιδανικό αντίδοτο στη θορυβώδη ζωή της μεγαλούπολης. Ως κτήμα έχει μια πολύ προσωπική αισθητική και αναπαλαιώθηκε σύμφωνα με το γούστο και τις προτεραιότητες των ιδιοκτητών. Ιδιαίτερος σεβασμός επιδείχθηκε στην ανάδειξη των έργων τέχνης, που είναι κυρίως δείγματα της τοπικής παράδοσης. Είναι πραγματικά ένα σπάνιο κόσμημα για την Ύδρα.

This exceptional building designed by 18th century Genovese architects was a real challenge. It's a truly magnificent refuge far from the city centre that acts as an ideal antidote to the noisy life of the city. As an estate it has a very personal taste and has been refurbished according to the owners' taste and priorities. Particular respect was shown for the works of art that are mainly samples of local tradition. It is truly a rare jewel for Hydra.

ΥΔΡΑ
HYDRA
ΝΑΥΤΙΚΟΣ ΟΜΙΛΟΣ ΕΛΛΑΔΟΣ 1933-2013

Le Hamam

2005

Σε μια χαοτική, γεμάτη θόρυβο και έντονους ρυθμούς πόλη ένα spa μπορεί να σου χαρίσει γαλήνη και ξεκούραση. Εδώ οι ιδιοκτήτες ήθελαν να ταξιδέψουν τους πελάτες τους στον μαγικό κόσμο και την ατμόσφαιρα της Ανατολής. Αυτό επετεύχθη στον υπέρτατο βαθμό συνδυάζοντας όμως την ανατολίτικη παράδοση με τη σημερινή τεχνολογία και αισθητική.

In a chaotic full of noise and intense pace city a spa can offer peace and relaxation. In this instance the owners wanted to take their clients on a voyage to the magical world and atmosphere of the east. It was achieved to the maximum combining the traditions of the Orient with present day technology and taste.

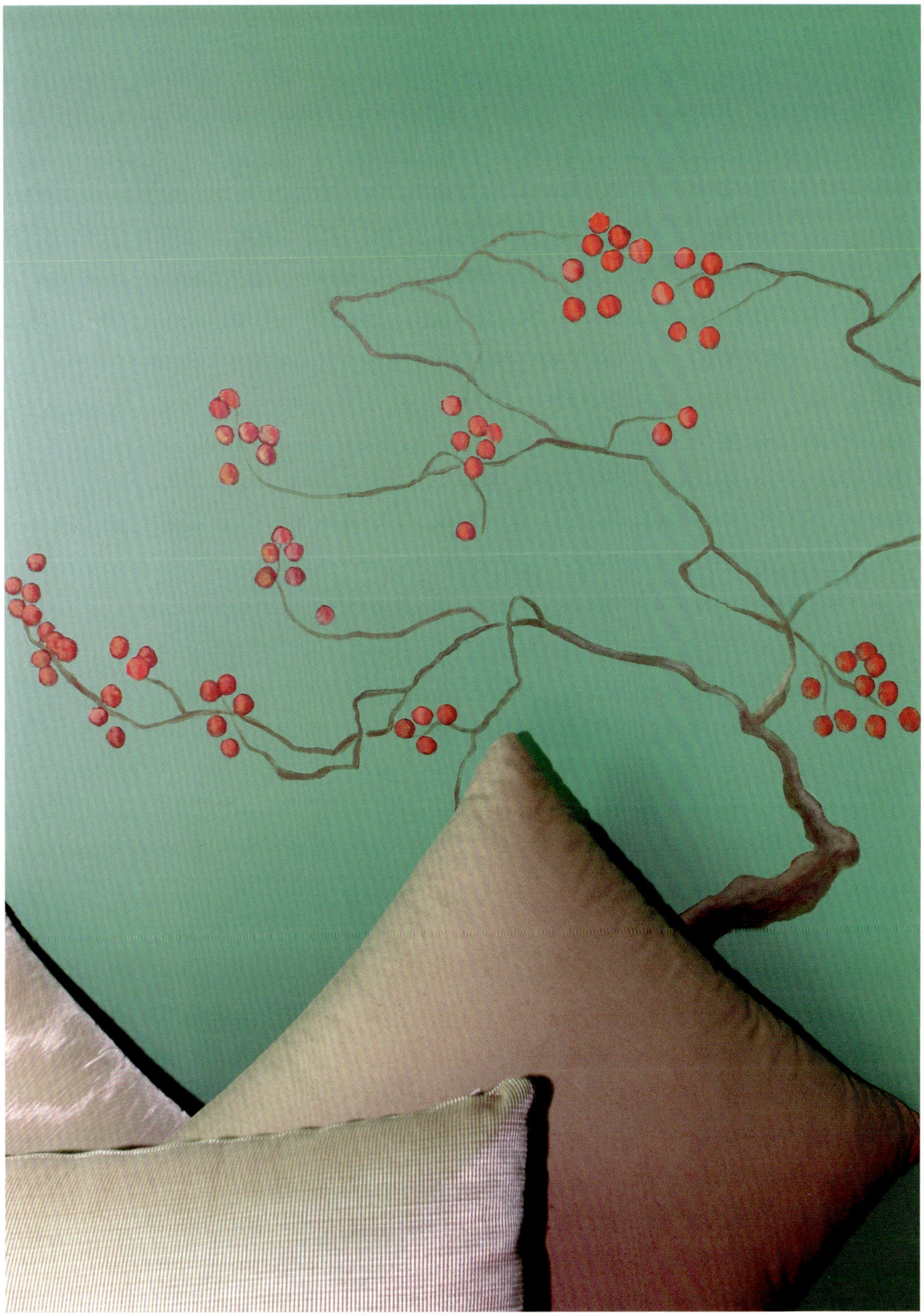

Endless View

2006

Το μεγάλο προτέρημα αυτής της κατοικίας είναι η απέραντη θέα προς τη θάλασσα και γι' αυτόν τον λόγο δόθηκε μεγάλη βαρύτητα στη διακόσμηση: όλα τα αντικείμενα είναι λιτά, ώστε να αφήνουν τον πρωταγωνιστικό ρόλο στη θέα. Οι ιδιοκτήτες και οι επισκέπτες του μικρού αυτού παραδείσου δεν θα αποφύγουν σίγουρα τον πειρασμό να αφεθούν στη μαγεία του. Ο χώρος είναι επιπλωμένος πολύ απλά και κομψά, είναι λειτουργικός, «σιωπηλός», και απίστευτα γαλήνιος. Οπουδήποτε κι αν σταθείς, η θέα σε μαγνητίζει και δεν χορταίνεις να την απολαμβάνεις.

The greatest advantage of this residence is the immense view of the sea and for this reason was not given too much weight to the decoration: all objects are simple and leave the leading role to the view. The owners and the visitors of this small paradise cannot escape the temptation of letting themselves be carried away by the magic it is offering. Simply and elegantly furnished it is functional "noiseless" and incredibly peaceful. Wherever you stand the view magnetizes you and you cannot have enough of it.

La Hacienda

1997

Ένα ακόμη χαρακτηριστικό δείγμα εργασίας, όπου ο interior designer συλλαμβάνει επακριβώς το πνεύμα των ιδιοκτητών και ως πραγματικός νεωτεριστής το προεκτείνει εισάγοντας καινοτόμα στοιχεία: το εξαιρετικό ξύλο, που προοριζόταν για το πάτωμα, τοποθετήθηκε στις οροφές των εξωτερικών χώρων, ενώ το αγυάλιστο μάρμαρο στα δάπεδα. Προτού ακόμη εισέλθει κανείς στο χολ αυτής της έπαυλης, νιώθει μια απίστευτη οικειότητα: οι άνετοι χώροι και η προσεγμένη επίπλωση, με αντικείμενα επιλεγμένα από διάφορα μέρη της Ευρώπης, της προσδίδουν πολυτέλεια και άνεση συγχρόνως.

One more typical example where the interior designer captures the mood of the owners and, being a real modernist, extends it with the introduction of innovative elements: the exceptional wood, which was intended for the floor, was placed on the ceilings of the outside areas and the matt marble on the floor. Before even entering the villa one gets a feeling of unbelievable intimacy. With many comfortable spaces and furnished with distinctive furniture and objects selected from various places in Europe it exudes a particular luxury and comfort.

Le pieds-à-terre

2014

Σε αυτό το διαμέρισμα τα ψηλά ταβάνια και τα μεγάλα ανοίγματα επιτρέπουν στο φως να μπαίνει ανεμπόδιστα, όπως το ίδιο ανεμπόδιστη είναι και η θέα στην ιστορική πλατεία στο μπροστινό μέρος. Ο φωτεινός και μοντέρνα αναδιαρρυθμισμένος χώρος διακρίνεται για τη μίνιμαλ ατμόσφαιρα, το εξαιρετικό γούστο και τη συγκρατημένη πολυτέλεια. Έτσι, η παραμονή των ιδιοκτητών, όταν το επισκέπτονται, είναι πραγματική απόλαυση. Δεν διαφεύγει της προσοχής το διαχωριστικό της βεράντας από μοντέρνα μαροκινά πλακάκια.

In this apartment high ceilings and large apertures allow the light to enter without obstruction. Without obstruction is also the view to the historical square, on which the building is situated. The light and modernly rearranged space emits a minimal atmosphere, excellent taste and measured luxury. Thus, the stay of the owners when they visit, is enjoyable. The partition on the veranda made by modern Moroccan tiles cannot elude the attention.

VALENTINA

Paris, je t'aime

2010

Όνειρο του ιδιοκτήτη ήταν πάντα να ζήσει στο Παρίσι, αλλά η ζωή τα έφερε έτσι, που αυτό δεν έγινε ποτέ. Κατάφερε όμως να φτιάξει το διαμέρισμά του δίνοντάς του μια μοναδική παρισινή αύρα: Ανέδειξε αφενός τις ήδη υπάρχουσες art deco πόρτες βάφοντας όλους τους τοίχους με σκούρο γκρι χρώμα και αφετέρου τη συλλογή από μοντέρνους πίνακες, έπιπλα και αντικείμενα art deco. Το αποτέλεσμα είναι ένας χώρος όπου έχει κανείς την εντύπωση ότι ανά πάσα στιγμή θα εμφανιστεί μπροστά του η Coco Chanel, η Jeanne Moreau, ο Jean Cocteau ή διάφοροι Γάλλοι διανοούμενοι.

The owner's dream was to live in Paris, but life led to different paths and the dream never materialized. He managed, though, to give his apartment a unique French aura. He managed, on the one hand, to set off the existing art deco doors having all the walls painted in dark grey and on the other hand showing off the collection of modern paintings, furniture and art deco objects. The result is a space where you feel that Coco Chanel, Jeanne Moreau, Jean Cocteau and various French intellectuals might appear at any moment.

UNE PRODUCTION
MILLAS FILMS
GRÈCE
STELLA
MELINA MERCOURI
AVEC
GEORGES FOUNDAS
ALEKO ALEXANDRAKIS
et
SOPHIA VEMBO

day & night
OPEN

Artist's Retreat

2008

Μερικοί άνθρωποι, όσα χρόνια κι αν περάσουν, διατηρούν πάντα μια νεανικότητα και μια ζωντάνια, κι αυτό ακριβώς νιώθει κανείς μπαίνοντας σε αυτό το σπίτι. Η φρεσκάδα και απλότητα καλλιεργούν ένα αίσθημα οικειότητας. Έχοντας μπροστά του ένα γραφικό, μικρό λιμανάκι και την απεραντοσύνη του Αιγαίου, ο διακοσμητής εκμεταλλεύτηκε αυτή τη μοναδική θέα και άφησε μεγάλα ανοίγματα από παντού. Ο συνδυασμός από φυσικό ξύλο, γυαλί, πολύ μοντέρνα έπιπλα και έντονα χρώματα προσδίδει επίσης ένα ιδιαίτερο στιλ.

However many years pass some people keep their youthfulness and the joy of life, and this is exactly how one feels as he enters this residence. An aura of freshness and simplicity prevails throughout that creates a sort of intimacy. Facing a picturesque harbour and the infinity of the Aegean, the decorator took advantage of this unique view leaving large apertures everywhere. The combination of natural wood, glass, very modern furniture and bright colours gives it a particularly modern style.

20TH CENTURY

ΖΑΚΥΝΘΟΣ
Στο Εθνικό Θαλάσσιο Πάρκο
ELLADA(κενό) στο 54160
SAMSUNG

20TH CENTURY

Campbell's
CONDENSED
CREAM OF
TOMATO
SOUP

Campbell's
CREAM OF
TOMATO
SOUP

Country House

2002

Η αίσθηση των αναλογιών κυριάρχησε και σε αυτό το σπίτι. Εδώ αποφεύχθηκε η διακόσμηση με την κλασική έννοια, ώστε να επιτευχθεί η αρμονία μεταξύ των επίπλων, των έργων τέχνης και των οικογενειακών κειμηλίων των ιδιοκτητών. Το αποτέλεσμα είναι φρέσκο, άνετο, φωτεινό, και διακρίνεται από ιδιαίτερο στιλ.

The feeling of proportion is overwhelming in this residence. Decorative elements do not follow the usual patterns in order and therefore the interior designer creates a sense of harmony between the furniture, the works of art and the owners' family heirlooms. The result is fresh, comfortable, bright and particularly slick.

ΑΚΡΟΠΟΛΗ
ΣΥΛΛΟΓΗ Α. Γ. ΛΕΒΕΝΤΗ

Domestic Sophistication

2008

Η αρχιτεκτονική και το design δημιούργησαν αυτή την πολυτελή έπαυλη. Εδώ, η αρμονία και οι πρωτότυπες ιδέες του interior designer κατάφεραν να «παντρέψουν» το φυσικό τοπίο με την αστική χρήση. Έτσι, αυτή η έπαυλη μπορεί να έχει διπλή οντότητα: μπορεί να λειτουργεί εξίσου ως μόνιμη κατοικία αλλά και ως εξοχικό. Τελικά αυτό το «πάντρεμα» είναι μοναδικό!

Architecture and design created this luxurious villa. The harmony and the unique ideas of the interior designer resulted in blending a double usage, a permanent residence, as well as a country house. This is a unique combination!

House of the Shooting Star

1991

Σε αντίθεση με τον τίτλο, τα άστρα δεν σταματούν να λάμπουν σε αυτή την κατοικία. Και πώς θα μπορούσε εξάλλου να γίνει διαφορετικά, αφού έχει χτιστεί με τόση αγάπη και μεράκι, και μάλιστα με τα πιο «κατάλληλα» υλικά για αστέρια!!! Ο σεβασμός στον τόπο, στις παραδόσεις και στην αρχιτεκτονική του νησιού (Ύδρα) ήταν μόνο η αρχή. Στη συνέχεια, τα όνειρα έγιναν πραγματικότητα με πολύ κόπο αλλά και μεράκι. Και για να γίνει αυτό εύκολα αντιληπτό, να αναφέρουμε ότι ο ιδιοκτήτης αυτής της οικίας για πολλά χρόνια προτού αποφασίσει την ανέγερσή της αγόραζε ανά τον κόσμο αντικείμενα ειδικά και μόνο για εκείνη. Το αποτέλεσμα αφήνει τον επισκέπτη έκθαμβο, η δε θέα δίνει την αίσθηση ότι είσαι ψηλά στα αστέρια και παρακολουθείς κάτω το φωτισμένο λιμάνι. Να λοιπόν γιατί τα αστέρια θα λάμπουν πάντα σε αυτό το σπίτι...

Contrary to its name the stars permanently shine on this residence. It could be nothing less, as it was built with so much love and good taste using the most suitable materials for the stars! The respect shown to the place, to tradition, and the island's (Hydra) architecture is only the beginning. After a lot of effort and good taste the dreams became reality. To make it clearer we will mention that its owner, long before he had the house built, was buying various objects for this residence from all over the world. The result leaves the visitor amazed and the view gives the feeling that you are up among the stars as you look down on the lighted harbor. This is the reason why the stars will always shine on this house.

House of
The Shooting Star

IMPROVED BREAD PAN

before '90s

Ατενίζοντας το μέλλον.
Looking to the future.

Πρώτο ερέθισμα:Η εξώπορτα του σπιτιού της θείας Ανδρονίκης στη Χίο υπήρξε η πύλη για την είσοδο του Γιώργου Πετρίδη στον κόσμο της αρχιτεκτονικής.

First stimulus: The garden gate of aunt Androniki's house at Chios was the gateway to George Petrides' entry into the world of architecture.

Στη φωτογραφία η μητέρα του Γιώργου Πετρίδη. Πρώτη εκείνη διέκρινε το καλό του γούστο του και ζητούσε τη γνώμη του για οτιδήποτε αφορούσε ζητήματα αισθητικής.

At the photo George Petrides' mother. She was the first person who foresaw his good taste and always asked for his opinion on everything that concerned aesthetics.

Η διακριτική γοητεία του στιλ.
The discreet charm of style.

Με την Αλίκη
ενθουσιασμένη
με το αποτέλεσμα
της διακόσμησης
του σπιτιού της!

With Aliki thrilled with
the results of
the decoration
at her home!

Άννα Παναγιωτοπούλου, Ντίνος Πετράτος,
Γιώργος Πετρίδης
Πίνανε και καπνίζανε και την αγάπη βρίζανε...

Anna Panayiotopoulou, Dinos Petratos, Giorgos Petridis
Drinking and smoking, cursing love...

Εδώ υπάρχει ένας έρωτας μεγάλος...
Love is in the air...

Το χαρακτηριστικό γέλιο...
His characteristic laugh...

Στη θάλασσα
της Αμμοχώστου
με την Κλώντια.

At the sea
of Famagusta
with Claudia.

Χαιρετώντας
τον Τσαρούχη κάτω
από το ερευνητικό βλέμμα
της Μελίνας!

Greeting Tsarouchis
under Melina's
scroutinizing eyes.

Γιώργος Πετρίδης

ΕΝΑΣ ΔΑΙΜΟΝΙΟΣ ΔΙΑΚΟΣΜΗΤΗΣ

γράφει ή ῾Αγγέλω Χατζησωτηρίου

ΖΩΔΙΟ: ΣΚΟΡΠΙΟΣ
ΗΛΙΚΙΑ: ;;;
ΥΨΟΣ: Ι.80
ΧΡΩΜΑ ΜΑΤΙΩΝ: ΣΥΝΗΘΙΣΜΕΝΟ
ΧΡΩΜΑ ΜΑΛΛΙΩΝ: ΠΕΡΙΕΡΓΟ
ΠΑΡΕΛΘΟΝ: ;;;
ΠΑΡΟΝ: ΛΙΑΝ ΕΝΔΙΑΦΕΡΟΝ
ΜΕΛΛΟΝ: ΛΑΜΠΡΟΝ

ΧΡΩΜΑ: ΤΟ ΛΑΤΡΕΥΩ
ΧΩΛ: ΤΟ ΠΡΩΤΟ ΣΟΚ
ΚΑΘΙΣΤΙΚΟ: ΑΝ ΔΕΝ ΕΧΕΤΕ ΚΑΠΟΥ ΝΑ ΠΑΤΕ...
ΥΠΝΟΔΩΜΑΤΙΟ: ΟΤΙΔΗΠΟΤΕ ΜΠΟΡΕΙ ΝΑ ΣΥΜΒΕΙ ΕΔΩ, ΑΚΟΜΑ ΚΑΙ... ΥΠΝΟΣ
ΜΠΑΝΙΟ: ΓΙΑ ΤΕΣΣΕΡΙΣ ΤΟΥΛΑΧΙΣΤΟΝ
ΤΡΑΠΕΖΑΡΙΑ: ΟΥΚ ΕΠ'ΑΡΤΩ ΜΟΝΟΝ
ΓΡΑΦΕΙΟ: ΩΣ ΤΡΑΠΕΖΑΡΙΑ, ΚΑΘΙΣΤΙΚΟ κτλ. (ΕΝΙΟΤΕ ΚΑΙ ΩΣ ΓΡΑΦΕΙΟ)
ΠΑΤΩΜΑ: ΑΝΑΓΚΑΙΟ
ΤΟΙΧΟΣ: ΜΗ ΑΝΑΓΚΑΙΟΣ
ΤΑΠΕΤΣΑΡΙΕΣ: ΧΙΛΙΕΣ ΚΑΙ ΜΙΑ ΝΥΧΤΕΣ
ΦΩΤΙΣΜΟΣ: ΜΕΡΙΚΑ "ΝΑΙ" ΚΑΙ ΠΟΛΛΑ "ΟΧΙ"

῾Ο ῞Οσκαρ Ουάιλντ κάποτε είχε πεί: «Αὐτός ὁ τοίχος μέ σκοτώνει, ὁ ἕνας ἀπό τούς δυό μας πρέπει ὁπωσδήποτε νά φύγει».

Φωτογραφίες: ΓΙΩΡΓΟΣ ΔΙΑΜΑΝΤΟΠΟΥΛΟΣ

43

Η πρώτη μου συνέντευξη
στο περιοδικό «Cosmopolitan».
My first interview in Greek "Cosmopolitan".

Ποζάροντας για το περιοδικό «Status».
Posing for "Status" magazine.

ΓΙΩΡΓΟΣ ΠΕΤΡΙΔΗΣ - ΜΑΡΙΑ ΔΗΜΗΤΡΙΑΔΗ

(διακοσμητής) - *(γκαλερίστα)*

Μόλις το ημερολόγιο φθάσει στις τελευταίες σελίδες του Μαΐου η Μαρία Δημητριάδη εγκαταλείπει την Αθήνα άρον άρον. Κλείνει την γκαλερί της «Μέδουσα» και όπου φύγει για την Πάρο. Μα και τον Γιώργο Πετρίδη χάνει η Αθήνα το καλοκαίρι. Ο κυπριακής καταγωγής διακοσμητής έχει πολιτογραφηθεί πια Υδραίος.

Και εδώ αρχίζει το... περιπετειώδες της βραδιάς.

Ο μόνος τρόπος να συναντηθούν αυτοί οι δύο καλοί φίλοι το καλοκαίρι είναι να δώσουν ραντεβού εν πλω ή να μοιράζουν τις αποστάσεις. Εκείνος από την Ύδρα, εκείνη από την Πάρο, συνάντηση - αστραπή στο Μικρολίμανο. Η βραδιά έχει κάτι θεατρικό, κάτι από καρικατούρα.

Οι γαρδένιες της κυρίας Χριστίνας, το λαδολέμονο στεφάνι, οι πλαστικές καρέκλες. Αν κατέβεις όμως στον Πειραιά, θα παίξεις το ρόλο ως το τέλος. Και να, ιδού η Μαρία έρχεται εν τω μέσω της νυκτός και των ιστιοφόρων. Το φαγκρί περιμένει.

ΜΕΝΟΥ: *24 κυδώνια, καραβίδες, χταπόδι, χόρτα, φαγκρί, σαλάτα χωριάτικη, Χατζημιχάλη, καφέ*

Γκαλερί Πιερίδη.
Pierides Gallery.

1

Arts across the ages are combined in a connoisseur's flat

The owner of this apartment, photographed by George Diamantopoulos, directs a modern art gallery and a family antique shop. Her home reflects both interests

2

Το σπίτι της Πέγκυς Ζουμπουλάκη.
Pegy's Zoumpoulakis house.

Στο τιμόνι η Πέγκυ Ζουμπουλάκη (ωχ…)
Pegy Zoumpoulakis is driving (oh…)

Λευκό για την Ύδρα.
White for Hydra.

Biedermeier style.

Από το Ιταλικό «Architectural Digest».

From the Italian "Architectural Digest".

Ο επίπονος κηπουρός...
The arduous gardener...

Index & Credits

Concept / Editing
Lia Ellinas Tornaritis

Texts
Lia Ellinas Tornaritis, Dinos Petratos, George Psiahos

Graphic Design
Dimitris Mitsianis

Digital image processing
Dinos Petratos

Translations
Katya Schiza-Lamari

Proof reading
Daphne Christou

Special thanks to
Lia Ellinas Tornaritis, Katya Schiza-Lamari, Thanasis Kokkotas,
Konstantinos Gkontas, Dimitra Korombili,
Olga Vissaraki and Markos Machairopoulos (MR.CO)

Printing-Binding
Printer Trento, Trento ITALY